マインドチェンジでうまくいく！

配慮が必要な子どもの
発達支援

藤原里美 著

中央法規

子どもとのあたたかい関係を 育むヒントを盛り込みました

　配慮を必要とする子どもを支えるみなさんに、心のより どころとなる本を届けたい……そんな思いで書きました。 なぜなら、心の安定した大人がそばにいることが、子ども の健やかな発達になくてはならないことだからです。

　「子どもは１ミリも変えない」 マインドチェンジは、この言葉からスタートします。 　「えっ、子どもを変えないってどういうこと？　私たち は子どもを変えるために関わっているのに」 　そんな不思議な気持ちになるかもしれません。 　でも、「子どもは１ミリも変えずに」、子どものまわりの 世界を変えるマインドをもつと、見えている世界が一変し ます。 　今ある現実——子どもの不適切な行動は何も変わらない けれど、「気持ちが楽になった」「あせらなくなった」「肩 の荷が下りた」「子どもがかわいくなった」など、安心に

包まれるような感覚になります。

　「できないことをできるようにする」→「今できていることを増やす」、「やる気をもたせる」→「その気にさせる」など、この本には、支援者がマインドをチェンジすることにより、心が軽やかになり、子どもとのあたたかい関係を育むヒントを盛り込みました。また、チェンジするマインドを深められるワークも添えてあります。

　ご自身の、そして、それぞれの現場での学びにご活用いただければ幸いです。

　子どもとの毎日が、穏やかに豊かになることを願っています。そして、「子どもを１ミリも変えない」マインドをもった大人がそばにいてくれることが、子どもたちの幸せな日々につながると、私は信じています。

藤原里美

CONTENTS

① なぜ マインドチェンジが 必要か

2 支援のための
マインド 20

- 本書は、おもに配慮を必要とする子どもの支援において、支援者が過度な心身の負担なく、子どもにとって最善の支援を行うためにもちたいマインドを紹介しています。
- それぞれのマインドごとに、マインドチェンジの理由、マインドからの保育実践、WORK、マインドチェンジの確認チェックで構成しています。園内研修の教材としてご活用いただきやすくまとめています。
- 巻末にマインドチェンジのためのコピーツールを用意しました。ご活用ください。

〈マインドチェンジの理由〉
なぜこのマインドチェンジが大切か、その理由をまとめています。

チェンジしたいマインドです。

マインドついての説明です。

〈マインドからの保育実践〉
具体的な支援方法です。この実践
（形）がマインドチェンジの理解に
もつながります。

〈実践エピソード〉
マインドチェンジからの支
援を実践したエピソードで
す。

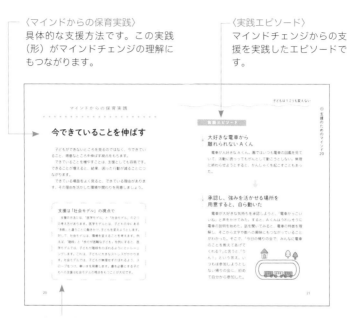

〈コラム〉用語解説や補足説明などです。

〈WORK〉
マインドの理解を深めるための
WORK です。実際の保育や支援
にもご活用いただけます。

〈マインドチェンジの
　確認チェック〉
マインドが理解できたかの
確認用リストと、支援のポ
イントをまとめました。

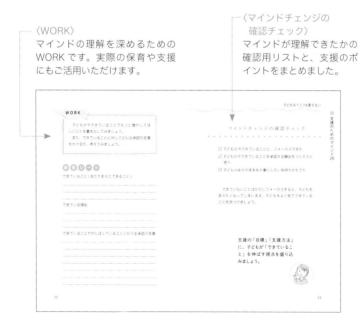

1 なぜ マインドチェンジが 必要か

発達に課題がある子どもを支援するには、
これまでに培ってきたマインドを変える必要があります。
その理由をまとめます。

今のマインドのままでは、
支援がうまくいかない

　発達に課題のある子どもたちの支援にあたり、なぜマインドチェンジが大切なのでしょうか。それは、今もっているままのマインドで子どもと接しても、支援がうまくいかないからです。

　これまで培ってきたマインドは、ひと言でいえば「みんな一緒が、みんないい」。

　例えば、保育や学校教育においては、「一致団結」とか「心を一つに」などが重要視されています。また、今の大人の多くが、40人クラスに教師が一人という教育を受けてきたこともあり、クラスみんなが足並みを揃えて行動することが身についている、という背景もあります。そのため、「みんなと一緒」が最上級の目標で、そこに子どもの幸せがある、というマインドが根強いのでしょう。

　しかし、今は多様性を尊重しようという時代。

　「みんな一緒が、みんないい」から、「みんな違って、みんないい」というマインドへの変換が求められています。

今の価値観・理想像を
手放さないと、支援がつらくなる

　まずは、「４歳児ならこういう姿であってほしい」「５歳児ならここまでできていてほしい」という「あるべき論」を捨てましょう。これまで築いた価値観、子どもについての理想をすべて手放してください。

　言うのは簡単ですが、実行するのはなかなかむずかしい作業です。自分らしさを失うような気持ちになり、大きな葛藤や違和感に苦しむかもしれません。しかし、発達に課題のある子どもと接するときは、この「手放す」作業が大切です。そうでないと、力を尽くしているのに思ったような反応が得られない、子どもが変わらないと感じ、何より自分がつらくなってしまいます。

　手放す作業の中で、自分の中に葛藤や違和感が湧き上がってきたら、それは自分が変わろうとしているサインです。マインドチェンジがうまく進行しているのだと前向きに受け止めていきましょう。

　そして、子どもが困った行動をしたときが、マインドチェンジのチャンスです。

視点を変えると、
子どもの行動の意味が変わる

　マインドが変わると、子どもをとらえる視点が変わります。例えば、クラスでの活動中にふらりと保育室から出ていってしまう子どもがいたとします。「みんな一緒が、みんないい」というマインドでとらえれば、これは「困った」行動ですね。

　しかし、違う視点でとらえると、これは「すてきな」行動だともいえます。なぜなら、その子どもにとっては「このまま保育室にいると、ぼくは苦しくなって人をたたいてしまうかもしれない、大きな声を出してしまうかもしれない、だから保育室から出て気持ちを落ち着けよう」と考えた結果の行動かもしれないからです。

　このように視点を変えるだけで、子どもの行動の意味がまったく違ってきます。

　なんでも「いや！」という子どもに、「わがままばかり言って、ダメな子」ではなく、「自分の気持ちを表現できて、すてきだな」ととらえてみましょう。

　一見、短所に見えるところを、子どもの長所としてとらえ直すことができれば、子どもも救われ、保育者の気持ちも楽になります。

形から変えてみると、マインドチェンジの意義がわかる

　マインドを変えるには時間がかかります。そこでおすすめしたいのが、「形から入る」ということです。先に行動を変えてみるのです。

　例えば、食事中に「おもちゃで遊びたい！」と泣き叫んでいる子に、「子どもは１ミリも変えない」（18ページ）のマインドで向き合ってみましょう。たとえ心からそう思えていなくても、「そうだね、遊びたいよね」と声をかけてみます。

　納得できないかもしれません。しかし、ものは試し、です。子どもの思いをそのま受け止めるということを、形だけでもやってみましょう。

　以下は、この方法を実践したある保育者の話です。

　「言うことをまったく聞いてくれない２歳児がいて、何をやってもうまくいかなかったとき、『子どもは１ミリも変えない』という考え方を知りました。その子が騒いでいても、ありのままの姿を受け止めるようにしたところ、次の日から子どもの情動が安定し、言動も変化しました」

　はじめは形だけでも行動を変えてみて、結果が得られるのをくり返すうち、マインド自体が変わっていきます。

マインドチェンジで、
子どもも保育者も生きやすくなる

　多様性の尊重が求められる時代において、ものごとの正解は一つではありません。いろいろな正解があるのだとすれば、この本で述べていることもその一つ。試してみて損はありません。まずは「やってみよう」という素直さをもつことがマインドチェンジの土台となります。

　同僚や保護者など、大人に対応するときも、マインドチェンジは大切です。

　熱心な保育者ほど「ほかの同僚がわかってくれない。不適切な保育を改めてくれない」などと悩みがちです。しかし、ここでもマインドチェンジで得た視点の切り替えが役に立ちます。

　「困った」と感じる同僚にも必ずよいところがあります。そこを見つけて「いいね」と「全承認」することから始めていきましょう。人を変えるには、まず自分のマインドから変えてみます。

　マインドチェンジによって、子どもも保育者も生きやすくなるはずです。

2 支援のための マインド20

発達に課題がある子どもを支援する上で、
特に心にとめておきたいマインドを20個紹介します。
なお、このマインドは、すべての子ども支援に有効です。

子どもは１ミリも
変えない

発達に偏りがあっても、それもその子らしさ
です。子どもを変えずに、発達に合わせた、
わかりやすく安心できる環境を用意すること
を目指しましょう。

マインドチェンジの理由

・・・・・・・・・・・・・・・・・・・・・・・

「できない」のは、 子どものせいではない

　ほかの子どもとの違いを「まちがい」だととらえ、障害がある子、気になる子を多数派に近づけて、みんなと同じようにできることを目指そうとしていませんか。それは、「その子らしさ」を見失うことであり、その子の強みまで見逃すことになります。

　子どもは、自分のありのままを承認してもらえると、情動が安定します。機嫌がよくなり、困った行動が軽減します。自分のまわりの世界や人への信頼も育まれます。

今できていることを伸ばす

　子どもができないところを見るのではなく、今できていること、得意なところを伸ばす視点をもちます。

　できていることを増やすことは、支援としても容易です。できることが増えると、結果、困った行動が減ることにつながります。

　できている場面をよく見ると、できている理由があります。その理由を活かした環境や関わりを用意しましょう。

支援は「社会モデル」の視点で

　支援の方法には、「医学モデル」と「社会モデル」の2つの考え方があります。医学モデルとは、子どもの中にある「多数」と違うことに働きかけ、子どもを変えようとします。対して、社会モデルは、環境を変えることを考えます。例えば、「階段」と「歩行が困難な子ども」を例にすると、医学モデルでは、子どもが階段をのぼれるようにとトレーニングします。これは、子どもに大きなストレスがかかります。社会モデルでは、子どもが無理せずのぼれるよう、スロープをつけ、車いすを用意します。配慮を必要とする子どもへの支援は社会モデルの視点をもつことが大切です。

実践エピソード

大好きな電車から
離れられないAくん

電車が大好きなAくん。園ではいつも電車の図鑑を見ていて、活動に誘ってもがんとして動こうとしない。無理に終わらせようとすると、かんしゃくを起こすこともあった。

承認し、強みを活かせる場所を
用意すると、自ら動いた

電車が大好きな気持ちを承認しようと、「電車かっこいいね」と声をかけてみた。すると、Aくんはうれしそうに電車の説明を始めた。話を聞いてみると、電車の特徴を理解し、そこから文字や数への興味にもつながっていることがわかった。そこで、「今日の帰りの会で、みんなに電車のことを教えてあげてくれる？」と言うと、「うん！」という答え。いつもは参加しようとしない帰りの会に、初めて自分から参加した。

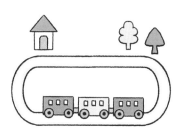

子どもが今できていることで、もっと増やしてほしいことを書き出してみましょう。

また、できていることに対してどんな承認の言葉をかけるか、考えてみましょう。

回 答 シ ー ト

できていること (あたりまえにできること)

_____

_____

_____

できている理由

_____

_____

_____

できていることやがんばっていることにかける承認の言葉

_____

_____

_____

_____

_____

_____

_____

マインドチェンジの確認チェック

・・・・・・・・・・・・・・・・・・・・・・・・・・・・・・・

- ☑ 子どもの今できていることに、フォーカスできた
- ☑ 子どもの今できていることを承認する機会をつくろう と思う
- ☑ 子どものありのままを大事にしたい気持ちがもてた

　できていないことばかりにフォーカスすると、子どもを変えたくなってしまいます。子どもをよく見て、できていることを見つけましょう。

支援の「目標」「支援方法」に、子どもができていることを伸ばす視点を盛り込みましょう。

意味のない行動は
一つもない

子どもの行動には、意味がなさそうに見える
ことがたくさんあります。しかし、大人の基
準では、その意味が見えてこないだけ。
子どもの立場で想像してみれば、見える世界
が変わってきます。

マインドチェンジの理由

· ·

行動の意味がわかれば、
支援の方法は見つかる

　保育者は子どもの困った行動をなんとかしたいと願います。行動を修正する、もしくは制限することにとらわれます。しかし、それではうまくいきません。

　子どもを支援するためには、子どもの行動の意味を考えることが大切です。行動の意味がわからなければ、どう支援すればよいかもわからないでしょう。

　子どもを支援するには、このマインドをもって行動の意味をとらえることが大切です。

「氷山モデル」の考え方

　氷山は、見えているのは海上の部分のみ。水面下の氷は見えていません。これを人の行動にあてはめたのが「氷山モデル」です。目に見える行動の背景には、見えない意味があるという考えです。

　配慮を必要とする子どもの支援においては特に、この見えない意味に仮説を立てて支援を考えることが必要です。

　仮説の立て方は、次の 26 ページを参考にしてください。

「どうしよう」の前に 「なんでだろう」と想像してみる

　子どもの困った行動に出くわしたとき、まず頭に浮かぶのは「どうしよう」かもしれません。しかし、最初に考えるのは、その子は「何を言いたいのか？」「何をかなえたいのか？」「何から逃れたいのか？」「自分に注目をしてほしいのか？」「ただ遊びたいのか？」等であるべきです。

　目に見えることにとらわれずに、子どもの行動の意味を考え、仮説を立てます。まさに「行動の謎を解く」ということです。

　謎解きには、自分の基準以外の新たな知識（脳の働きや、子どもの発達の特性について）が必要になるかもしれません。謎解きのために学び、謎解きを楽しめるようになると、子どもの見方が変わり、味方になれるでしょう。

　是非、謎解きの思考のクセを身につけてください。

朝の支度を
なかなか覚えられないBちゃん

　朝、自分のロッカーの前で、もじもじしていることが多いBちゃん。友だちの様子を見ながら、不安そうな表情で朝の支度を始める。立ち尽くしていることもある。

仮説を立てて毎日手伝っていたら、
ある日「一人でやってみる」と挑戦した

　Bちゃんの日ごろの様子から、支度の手順を思い出せないのだろうと仮説を立て、「先生と一緒にやろう」と支度を手伝うことにした。

　最後のカバンをロッカーにしまうところだけは自分でやるように促すと、カバンをしまって「先生、最後までできたよ！」とうれしそうに笑った。今まで不安そうにもじもじしていた姿がうそのようだった。

　それからは、毎朝できるだけ手伝って、最後だけ自分ですることを続けた。するとある日、「先生、今日は一人でやってみる」と一人で支度を始めた。わからないときは保育者に聞きながら支度をすることができるようになった。

子どもが「困った」と感じている行動を取り上げ、下記を参考にその意味を考えてみましょう。

<ヒント>

● 特定の感触が苦手、大きな音が苦手、特定の音が怖い、見える情報が多いと気が散る、味覚や触覚が敏感で食べられない、においが苦手

● 覚えられない、思い出せない、一度に2つ以上のタスク（行動）がこなせない

● 次の見通しがもてず行動を切り替えられない

● 安心したくてこだわる

● 失敗に弱い

回 答 シ ー ト

「困った」と感じている子どもの行動

_____

_____

_____

行動の意味

_____

_____

_____

_____

マインドチェンジの確認チェック

・・・・・・・・・・・・・・・・・・・・・・・・・・・・

☑ 子どもの行動には必ず意味があることを理解できた

☑ 仮説を立てて、行動の意味を考えられそうだ（謎解き）

☑ 「どうしよう」の前に「なんでだろう」と考えるクセを
　つけようと思った

　行動の意味がわからないと、困った行動をする「困った子」だと否定的にとらえてしまいます。行動の意味を考えることで、子どもが何に困っているかが見えてきます。「困った子＝困っている子＝支援が必要な子」ととらえましょう。

子どもの行動の「なぜ?」を
考え、子どもが困っている意
味を、善意で通訳できる支援
者を目指しましょう。

マインド

3

できないことは
前向きにあきらめて、
できることを支援する

支援には、優先順位をつけることが必要です。
そのために、できないこととできていること
を整理します。そして、できていることを支
援して伸ばす視点をもちましょう。

マインドチェンジの理由

· ·

できていることを増やすほうが簡単。子どもの気持ちも安定する

　人間の脳には、もともと他者のエラーを探してそのエラーを改善しようとする機能が、備わっていると言われます。つまり、支援者は、子どもができないことや足りないことにフォーカスし、できないことをできるようにしたいと願いがちです。

　そうすると、子どもは自分が否定されていると感じ取り、自信をなくします。

　できないことをできるようにすることは結構大変です。子どもに指導的に関わることも多くなり、「なんでできないの?」と、イライラする感情も生まれます。

　一方で、今できていることを増やすのはとても簡単です。なぜならもうできているのだから。子どもも、承認されることが増えて気持ちが安定します。

うまくいっている場面に注目し、理由を分析する

　気持ちや行動の切り替えが苦手な子どもが「うまく切り替えられた」、行動の統制が取りにくい子どもが「行動の統制ができた」といった場面は必ずあります。

　うまくいった場面に注目すると、そこに必ず理由があります。この理由を分析することで、うまくいく支援のヒントが見つかります。

　できることを増やす視点で支援をしていると、いつの間にかできないことができるようになることもよくあります。支援者とのあたたかい関係も育まれやすく、子どもが支援者に協力的になるという効果も期待できます。

実践エピソード

集まりなどで、
保育者の話に集中できないCくん

　朝の会で、いつも姿勢を崩し、保育者の話に集中できないCくん。製作が好きで、作り方などの説明を受けるときはしっかり聞くことができる。

集中して話が聞けているときに
しっかりほめた

　Cくんが集中して話を聞いている場面で、「姿勢がよいこと」「お話を聞けること」「落ちついて取り組めること」を、くり返しほめるようにした。

　姿勢や、話を聞く態度についての意識が強くなり、朝の会などでも、集中して聞こうとする様子が見られるようになった。

　朝の会で、がんばれていることをほめると、うれしそうな表情を見せるようになった。

33

WORK

　子どもの困っている行動を一つ取り上げ、どのくらいコントロールできているか（コントロール率）を、数字にしてみます。

　　しっかりコントロールできている　　100%
　　まあまあコントロールできている　　70%
　　ほとんどコントロールできていない　30%
　　まったくコントロールできていない　0 %

　コントロール率が70％未満であれば、その行動には目をつむり、70％以上であれば、しっかり承認し、その行動を確実にコントロールできるようにしましょう。また、今できていて続けてほしい、さらに増やしてほしい行動を一つ書いてみましょう。

子どもの困っている行動

_____

_____

コントロール率

0%　　　　　　　　　　　　　　　　　　100%

今できている行動

_____

マインドチェンジの確認チェック

・・・・・・・・・・・・・・・・・・・・・・・・・・

☑ 子どもができている行動を見つける大切さが理解できた

☑ 行動のコントロール率を活用しようと思った

☑ できている行動を続ける・増やす支援を考えた

　できていること、がんばっていることは意外とたくさんあります。うまくいっている場面を観察して、もっとうまくいくことを想像してみてください。

できないことをなんとかしようとすることをあきらめられないと、子どもも支援者も苦しくなります。今ある能力・強みに目を向ける視点の切り替えが、子どもとのあたたかい関係をつくります。

子どもはみんな
特別扱い

子どもは一人ひとり違い、全員が「特別」です。
一律の同じ支援は役に立ちません。必要で公
平な支援の分量は、その子によって異なりま
す。

マインドチェンジの理由

「みんな違ってみんないい」保育を
実現するため

　このマインドのベースとなるのがインクルーシブ（インクルージョン）保育です。障害をもつ・もたないに関係なく、言語や文化の違い、異なる背景やニーズに対して、あらゆる支援を提供することを努力目標とした保育です。

　「みんな違ってみんないい」保育への変換は、一人ひとりに特別扱いができる保育となります。保育者が目指すべきは平等ではなく、公平な保育です。違いに応じた特別な支援を提供できることが真の公平につながります。

インクルーシブ保育の背景

　「障害者の権利に関する条約」（2006 年 12 月採択）において、教育における障害者の権利を認めること、あらゆる段階の教育制度（inclusive education system at all levels）と生涯学習を確保することがうたわれました。この at all levels に裏打ちされた、それぞれの特別に応じた支援が今や常識になりつつあります。

一人遊びの充実から取り組む

　「みんな違ってみんないい」を実現しやすい、一人遊びから取り組んでみましょう。

　遊びを通して情動を安定させ、機嫌よく過ごせることがどの子どもにも必要であり、支援が必要な子どもには、さらに重要な要素です。

　それぞれが好きな遊びで遊び込むことにより、一人ひとりが大切にされていることを感じ、対人トラブルも軽減します。保育者がまず理解すべきは、その子どもの好きな遊び（一人で夢中になれるもの）です。好きな遊びを見つけられないために、不適切な行動が多く起きてしまう現実があります。

　支援がうまくいかないと感じているときは、一人でじっくり楽しく遊べる環境を提供してみましょう。まずはそこから、「一人ひとりの特別」に取り組んでみましょう。

「順番」や「貸し借り」が
できないDくん

　いつも友だちとおもちゃの取り合いをして、押したりた
たいたりのトラブルが絶えないDくん。「順番だよ」「たた
かないで貸してって言おうね」などと言って対応してきた
が、うまくいかなかった。

 貸し借りや待たせることのない環境で
じっくり遊べるように

　Dくんの遊びたい気持ちを優先しようと、子どもに人気
のおもちゃを手作りし、数をそろえた。
　貸し借りや待たせることがなくなり、それぞれが一人で
じっくり遊べるようになった。トラブルが激減しただけで
なく、十分に遊んだ後、Dくんが自らおもちゃを交換する
姿も見られるように
なり、成長を感じた。

子どもの好きな一人遊びを探して観察し、その遊びが好きな理由を探り、集中して遊んでいる時間を測りましょう。

回 答 シ ー ト

子どもの好きな遊び

_____

_____

_____

その遊びが好きな理由

_____

_____

_____

どのくらいの時間遊べるか？

_____

_____

_____

ほかの好きな遊び

_____

_____

_____

マインドチェンジの確認チェック

・・・・・・・・・・・・・・・・・・・・・・・・・

☑ インクルーシブ保育の理念を理解できた

☑ 平等と公平の違いについて理解できた

☑ 好きな一人遊びを見つけて提供してみようと思った

「遊べない子ども」と決めつけずに、好きな遊びを探してみましょう。感覚的に心地よく、直感的に何をするかがわかる遊びがおすすめです。

一人ひとりの違いに応じた関わりや支援をしましょう。「みんな違うから、違っていいんだよ」というメッセージを、子どもに届けていきましょう。

41

承認はブーメラン、必ず戻ってくる

日々支援することの結果が出るまでには、少しタイムラグがあります。それでも、いつか必ず子どもは、成長の「花」を咲かせます。

マインドチェンジの理由

• •

保育者の丁寧な支援が子どもの「根」をつくり、将来、すてきな「花」を咲かせる

　多様な子どもたちの保育は、種をまき、水を与え、日に当てて根をつくる作業に似ています。水をあげすぎると根が腐り、日に当てすぎると根が枯れてしまいます。一人ひとりに合った支援をすることで、根がはり芽が出て花が咲きます。自分たちの支援が「まちがいなかった」という結果は、将来「発達支援の承認」として子どもの姿にあらわれます。

　障害のある子どもたちが自己理解を深め、生きにくさに対して工夫をしながら社会に適応していくのは、学童期後半からと言われています。

　それでも、根をつくる時期が何よりも大事です。土の中に埋もれて見えない根がしっかりしているからこそ、すてきな花が咲くのです。

子どもを信じて 承認を積み重ねる

　子どもが困った行動をとったとき、保育者はその行動の意味に目を向け、その意味を読み取り、その意味を承認します。

　例えば、子どもが友だちをたたいたとき、「たたいたのは、大きな声で話しかけられたからかも」と読み取ったなら、子どもに「大きな声が怖かったね」と話しかけます。

　このように、自分の行動を意味づけし、それを承認してくれる保育者がそばにいたら、その子どもの生活はずっと楽になるでしょう。そして、こうした日々の積み重ねが、保育者との信頼関係をつくり、うまくいかなくても保育者が助けてくれるという安心感を育みます。さらに、生きにくさがあっても工夫次第でなんとかなる、という感覚をもてるようになります。

　学童期になると、この感覚をベースに自分を知り、その工夫を自ら使うようになっていきます。そうして思春期に、自分らしい花を咲かせるのです。

　ですから、日々の子どもとの関わりの中で、なかなかうまくいかない、思いが届かないと感じるときには、心の中で「いつか芽が出て花が咲く」と唱えてみましょう。そう信じて積み重ねる毎日が大切です。

実践エピソード

✦ 園に適応できなかった E くん

　園では、集団になかなか適応できず、小学校では学校に適応しようとがんばりすぎて、家族に八つ当たりをすることも多かった B くん。

　家族と支援者はくり返し支援し続けた。

　そんな B くんは、高校入学が決まったときにこんな話をしてくれた。

　「ぼくは小さいころ悪ガキだった。友だちや先生をよくたたいていた。小学校ではお母さんにひどいことを言って悲しい思いをさせた。でも、今はそんなことない。気持ちの調整もじょうずになって、高校生活が楽しみ。友だちともうまくやっていきたい。何よりお母さんに親孝行したいんだ」と。

　自分のことを理解し、前に進もうとしている B くん。「承認の花」が咲いたと感じられる言葉だった。

言葉をかけると、子どもが喜ぶ場面を見つけましょう。そのとき、どのようなほめ方（言葉）が合っているかを考えましょう。

言葉のバリエーションを増やしておくと、承認しやすくなります。

回答シート

ほめる

場面

言葉

励ます

場面

言葉

感謝する

場面

言葉

興味・関心を示す

場面

言葉

マインドチェンジの確認チェック

・・・・・・・・・・・・・・・・・・・・・・・・・・・

- ☑ 乳幼児期の発達支援はすぐに結果が出ない場合があることを理解した

- ☑ 子どもの表面的な行動にとらわれず、いろいろな背景を考えてみようと思った

- ☑ 子どもの言動の意味を言葉にして伝え、気持ちを落ち着かせることにチャレンジしたい

　子どもが荒れているときこそ、「承認する」姿勢で臨みましょう。言動の意味を言葉にして、まずは子どもの気持ちが落ち着くことを優先します。落ち着いてから、本人の言い分を聞き、こちらの考えを伝えます。

すぐに結果が出なくても、いつか芽が出て花が咲くことを信じ、くり返し承認し続けてください。きっと子どもの心に届きます。

ピンチ（子どもの困った行動）はチャンス

子どもの困った行動は、支援者へのメッセージです。子どもの行動の意味を考え、子どもの支援につなぐことで、ピンチがチャンスに変わります。

マインドチェンジの理由

感情の切り替えが、子どもの行動の意味を知ろうとする思考力につながる

　子どもが困った行動を示すと、支援者はその行動にフォーカスして、支援者も不安になったり、イライラしたりします。子どもも支援者も、まさにピンチです。

　しかし、子どもが困った行動を示したからこそ、わかることがあります。困った行動は、子どもからのメッセージなのです。

　また、子どもが困った行動をするときは、愛着を育むビックチャンスでもあります。

　支援者は、子どもの困った行動に対してネガティブな感情を抱かず、ピンチを救う支援者を目指しましょう。

愛着

　愛着は、子どもが窮地に立たされたときに、大人が手助けしてくれて窮地を乗り越えたときに育まれる、と言われています。つまり、困っている子どもをいかに安全に支援するかが、愛着形成において重要です。

心の中で
「ピンチはチャンス」
とつぶやく

　子どもが困った行動を示したとき、まずは深呼吸をして、「ピンチはチャンス」とつぶやきましょう。気持ちが落ち着くと、自ずと、子どもの行動の意味を知ろうとする思考が動き出します。

　行動のメッセージを考え、子どもがピンチを乗り切るための支援や工夫を考えましょう。

　なお、ピンチを見過ごすと子どもへの支援が停滞し、子どものストレスがたまっていきます。支援が停滞し続けると、ある日突然、夜驚や他害、チックなどの二次的障害が生じることもあります。

1日に何度もかんしゃくを起こすFちゃん

　Fちゃんは、1日に何度かかんしゃくを起こす。あまりに多いので、その都度「またか」と思ってしまう。

かんしゃくをメッセージとして観察すると

　かんしゃくをメッセージと受け止めてFちゃんを観察すると、「やりたくない」「食べたくない」「ここにいたくない」という「いや」が言葉にできず、かんしゃくになっていることに気づいた。

　そこで、活動前、食事前など、Fちゃんにとっていやなことが起こりそうな場面の前に、「いやなときは『いや』って言ってね」と伝えた。そして、言えないでいるときはこちらが察して、「いやだよね。やらなくていいよ」と言うと、安心した表情で過ごすことができた。

　しばらくすると、自分から「いや」と言えるようになり、かんしゃくは激減した。

　子どもの困った行動から受け取れるメッセージ
を考えてみましょう。

＜メッセージのヒント＞

● 「○○したい」「○○が欲しい」など、要求が言えない

● 「やりたくない」「○○がいや」「ここにいたくない」など、逃避したい

● ぼくを見て、私にかまってなど、自分に注目してほしい

● 心地よい感覚を得たい欲求が強い

● イライラや不安をうまく処理できない

● 環境からの情報をうまく受け取れない、情報を処理できない（保育者の言っていることがわからない、急な変更についていけないなど）

子どもの困った行動

_____

_____

行動から受け取れるメッセージ（どう支援してほしいか）

_____

_____

_____

マインドチェンジの確認チェック

・・・・・・・・・・・・・・・・・・・・・・・・・・・・・・・・・・

☑ 困った行動を示したときは、子ども理解のチャンスと
　考えてみようと思えた

☑ 困った行動は、子どもからのメッセージとして受け止め
　ることが大切だと理解できた

☑ 困った行動を支援することにより、愛着が育めること
　が理解できた

　困った行動は子どもからのメッセージ。メッセージを受
け止められる人になりましょう。

子どもは困った行動で、支援
者に何かを伝えようとしている
と考えると、困った行動も
必要なことに思えます。

子どもの発達は
らせん状に進む

子どもの発達は行きつ戻りつします。一度で
きていたことが一時的にできなくなったとし
ても、子どもが安心すれば、また必ずできる
ようになります。

マインドチェンジの理由

らせん状の発達イメージをもてば、子どもの「揺らぎ」にも寛容になれる

　発達の道すじは、子どもによって異なります。特定のステージを早く達成する子どももいれば、進んだのに元に戻ってしまう子どももいます。

　保育現場などでは、新学期になると、それまで自立してできていたことができなくなる子どもの姿が見られます。しかし、それは一過性の揺らぎです。保育者がらせん状の発達イメージをもっていると、子どもの揺らぎに対してあせらず、寛容に見守ることができます。

ジャン・ピアジェの発達理論

　子どもの発達は段階的に、特定のステージを経験しながららせん状に進みます。 各ステージは、前の段階で習得した能力やスキルを基盤にし、新しいスキルを習得するために、以前に獲得した知識と経験を活かしていきます。

　この発達の考え方は、スイスの心理学者ジャン・ピアジェによって提唱されました。子どもの成長と学習に関する理解を深めることは、子どもへのアプローチに必要です。

あせらず見守り、子どもへの手助けを多くする

保育者は子どもの一過性の揺らぎに対して、らせん状の発達イメージをもち、あせらずどっしりと構えて見守りましょう。

退行している子どもは、不安や混乱を抱えています。ですから、安心を与え、手助けを多くします。

それまでできていたのだからと無理にがんばらせようとすると、子どもの揺らぎは大きくなり、さらに不安定になります。

引き上げるより、支えるスタイルでいきましょう。

実践エピソード

新学期。朝の支度が スムーズにいかない子どもが続出

前の学年では、自分ですべて行えていたのに、進級後、「やろうとしない子」「いやだと拒否する子」「ボーっとしていて手が動かない子」など、スムーズにいかない子どもが続出した。クラスも落ち着かない雰囲気になった。

朝の支度を担任が引き受け、 子どもはすぐに遊び出せるように

担任間で相談し、朝の支度は保育者が引き受け、子どもたちはカバンをかけたらすぐに自由遊びに誘導するようにした。子どもたちは、すぐに遊び出すことにより、安心して朝のスタートがきれるようになった。

ゴールデンウィーク明けから、子どもたちが朝の支度を行うように戻したら、以然のように自分たちでが自立して行うようになった。

子どもの発達が停滞したり退行したりしていると感じる行動を取り上げて理由を考え、支援方法を検討しましょう。

＜理由のヒント＞

- 行事が近くなって負荷がかかっている
- クラス替えや担任の変更があった
- 弟や妹が生まれる、親の単身赴任など、家族内の変化があった
- 友だちと自分を比較して、自信が低下している
- 大人から叱られることが増えている
- 過度の期待がかけられている
- 与えられた課題がむずかしすぎる

回答シート

発達が停滞している・退行していると感じる行動と理由

_____

_____

_____

支援方法

_____

_____

_____

マインドチェンジの確認チェック

・・・・・・・・・・・・・・・・・・・・・・・・・・・・・・・

☑ 子どもの発達はらせん状に進むことが理解できた

☑ 子どもの発達が停滞したり退行しても、あせらずに支えていこうと思う

☑ 子どもの発達の芽生えや、個々の段階に適したサポートをしていきたい

　発達はらせん状に進むと知ることで、子どもの発達を待つことができます。発達が退行した感覚をもったら、引き上げるのではなく底支えするという意識が大切です。保育者から支えてもらうことで、子どもは安心して発達の軌道調整ができます。

　退行しているときは、ジャンプする前にしゃがんでいる状態をイメージするとよいでしょう。多様な子どもには、この調整期間が必要です。

ポジにはポジ、ネガにはネガが返ってくる

支援者が肯定的（ポジティブ）な言動をとると、子どもは安心を感じてしぜんに心を開きます。逆に否定的（ネガティブ）な言動をとると、危険を感じて心を閉じ、相手の影響を受けないようにと構えます。

マインドチェンジの理由

・・・・・・・・・・・・・・・・・・・・・・・・・・・

肯定的な言動は好循環を、
否定的な言動は悪循環を生む

　２つ以上のポジティブな要素が共存すると、プラスの相乗効果を生み出し、ネガティブな要素や態度が重なり合うと、悪循環を生み出します。

　日ごろから支援者が肯定的な言動をとることで、子どもにとって安心できる支援者となり、言動を受け入れやすくなります。一方、支援者が子どものネガティブな言動に反応し、それを正そうとすると、子どもも否定的な言葉や態度を返してきます。自分を傷つけないよう守る行動をとるのです。この子どものネガティブな言動に支援者が巻き込まれないマインドが大切です。

　ポジにはポジ、ネガにはネガな言動が返ってくることを念頭に、子どもとのコミュニケーションを見直してみましょう。

子どもの言動を
オウム返しで肯定する

　心穏やかに子どもに近づき、静かなトーンで、大きめに相槌をうちながら、子どもの言動を肯定します。子どもの言い分を聞き入れながら、最後まで話を聞きましょう。子どもが言うことのつじつまが合わなくても、理不尽でも、「なるほど、あなたはそう感じたのね」「こうしてほしかったのね」と肯定的に受け止めることが大切です。

　うまく言葉が出てこないときは、相槌をうちながら、話を聞くだけでもいいでしょう。

　子どもがネガティブな言動をとっても、支援者はあたたかいリアクションを返し続けること。ポジにはポジ、ネガにはネガな言動が返ってくることを忘れずに。

　子どもと信頼関係を築くために、日ごろのコミュニケーションを見直しましょう。

オウム返しは、「共感」を示すスキル

　相手の言葉や話のキーワードを、そのままオウム返しに相手に伝え返すと、相手は自分の言った言葉や内容を理解されたと感じ、安心感を抱きます。コミュニケーションで「共感」を示すスキルとして効果的です。

急に予定が変更されると かんしゃくを起こすGくん

Gくんは急な変更が苦手。保育者が「がまんしようね」「しかたがないよ」と説得をしようとすると、かんしゃくがひどくなる。

「まだやりたかったんだね」と共感すると、徐々に気持ちが落ち着いた

Gくんの気持ちを落ち着けることを最優先に考え、共感するようにした。すると、徐々に気持ちが落ち着き、切り替えられるようになった。

急な変更があるときは、理由を添えて伝えること、「ごめんね、つらいのはわかるけど」とあやまる言葉を添えることがポイントだと聞き、実行した。こちらが、やさしくあやまる言葉を伝えると、Gくんの表情もやさしくなるように感じている。

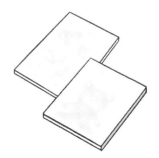

　オウム返しのロールプレイをしてみましょう。2人1組になり、子ども役と保育者役に分かれて、2つの設定で行います。役割を交替して、両方の立場を経験しましょう。

場　面　好きな遊びができなくなり、子どもは「なんで遊べないの。今やりたい!!」と怒り出した。

設定①　保育者は子どもを説得しようとする。そこから生まれるやりとりを演じる。

設定②　保育者が共感（オウム返し）する。そこから生まれるやりとりを演じる。

回答シート

設定①と②の違いや気づき（子ども役、保育者役それぞれで）

_____

_____

_____

_____

_____

書いたら、チームで発表し合い、ディスカッションをしましょう。

マインドチェンジの確認チェック

・・・・・・・・・・・・・・・・・・・・・・・・・・・

☑ 子どものイライラに、まずは共感のコミュニケーションを使おうと思う

☑ オウム返しをして、子どもの反応を見てみようと思う

☑ 急な変更があったら理由を添えて予告し、あやまってみようと思う

　子どものイライラに対して、保育者は言い聞かせたり、説得しようとしがちです。それを、オウム返しの共感に変えてみましょう。

　子どものイライラに巻き込まれないよう、冷静に向き合いましょう。共感を示すやりとり「肯定のストローク」を目指しましょう。

傾聴は、
アクティブリスニング

傾聴は、英語で「アクティブリスニング」と
いいます。受け身ではなく、能動的に聞くこ
とを意味します。自分と違う見え方、感じ方
をしているあなたのことを「知りたい」とい
う積極性をもって聞くことです。

マインドチェンジの理由

・・・・・・・・・・・・・・・・・・・・・・・・・・・・・・

支援者が聞く姿勢になれば
子どもは気持ちを伝えられる

　子どものことを知りたいなら、「あなたのことを知りたい」「教えてほしい」という姿勢が大切です。そのためには、自分の考えや気持ちをフラットにして、子どもの声に耳を傾けます。それが傾聴です。

　もし、子どもがうまく気持ちを伝えられないとしたら、それは子どものせいではなく、支援者が、聞く姿勢になっていないのかもしれません。

　子どもの話を聞くと、支援者は自分の伝えたいことを伝えようとしがちですが、必要なのは、興味をもって子どもの思いを聞ききることです。

アクティブリスニング（Active Listening）

　アクティブリスニング（傾聴）は、個人間のコミュニケーション、カウンセリング、リーダーシップ、対人スキル向上など、さまざまな状況で非常に役立つスキルです。

　相手を尊重し、能動的に話を聞き、理解しようとする姿勢をもつことで、よりよい関係を築く手助けとなります。

支援者は自分の気持ちや
考えを封印して、
子どもの思いを聞ききる

　まずは、すべての注意と気持ちを子どもに向けます。そして、自分の気持ちや考えを封印して、子どもの言葉や表情に集中して聞きます。その際、相手が話す内容を理解したことを示すために、うなずいたり、適切な言葉で応答したりします。これにより、相手が話し続ける動機づけが高まります。

　子どもは自分が伝えたことを、支援者が自分事として受け止めてくれた、わかってくれたと感じることで、さらに話をしようとするでしょう。

　子どもに聞きたいことが出てきたときは、肯定的な表現で質問をします。ここで大切なのが、言葉選びです。子どもにわかりやすい、適切な言葉やフレーズを使い、安心感を与えましょう。表情や声のトーンなど非言語コミュニケーションも重要なツールとなります。共感を示しながら、心地よく話せる雰囲気をつくります。

「もう聞いてくれなくていい！」 と怒ったHちゃん

Hちゃんの話の途中で、保育者が「もっとこうしたほうがいいよ」とアドバイスのつもりで話したところ、「もう聞いてくれなくていい！」と怒って話をやめてしまった。

 ### 話し終わるまで、 うなずきながら話を聞いた

Hちゃんに話をさえぎったことをあやまり、その後はこちらから何も言わずにうなずきながら聞いてみることにした。するとHちゃんはにこにこしながら話し続け、最後に「でもこうしたほうがいいよね」と自分で解決方法を見つけて言葉にした。

アドバイスせずにしっかり話を聞くと、子どもが自分で考えることができるとわかり、驚いた。

　2人1組になり、相談する人、相談を受ける人に分かれて、相手の相談に乗ってみましょう。役割を交替して、両方の立場を経験しましょう。

● 相談する人は、どのような内容でもよいので3分間相談をする。
● 相談を受ける人は、次のルール（アクティブリスニング）で話を聞く。
　・興味をもって相手の話を聞く
　・知りたいことがあれば質問する
　・肯定的にフィードバックする
　・絶対にアドバイスをしない

相談したとき、アクティブリスニングをしてもらった感想

_____

_____

_____

相談を受けたとき、アクティブリスニングをしての感想

_____

_____

_____

書いたら、チームで発表し合い、ディスカッションをしましょう。

マインドチェンジの確認チェック

・・・・・・・・・・・・・・・・・・・・・・・・・・・・・・

☑ アクティブリスニングは、相手のことを知りたい気持ちで能動的に聞ききることだと理解できた

☑ 相手に寄り添った聞き方が体験できた

☑ 子どもへのアクティブリスニングを実践してみようと思った

　アクティブリスニングでは、子どもは肯定的に話を聞いてもらえることが実感できます。心理的安全性 (否定されない安心な関係) が確保され、安心して話せるようになります。安心して表現できる相手として子どもから認識してもらうためにも、アクティブリスニングを意識して使いましょう。

　自分と違うタイプの子どもを知るには、まずは表現してもらうことが必要。そのためにもアクティブリスニングが有効です。

がんばらせるより手伝う

「がんばろう」という気持ちは、「できた」という達成感からしぜんに湧いて出てくるものです。できないことは手伝って、できる部分だけ子どもが行い、「できた！」と感じられるようにしましょう。

マインドチェンジの理由

・・・・・・・・・・・・・・・・・・・・・・・・・・・

子どもは手伝ってもらうことで、
支援者に安心感や信頼感を覚える

「自分でできるようにさせたい」と、子どもをがんばらせすぎていませんか？

与えられたタスクや課題を自分で達成する経験は、努力する心や責任感を養うのに役立つと共に、自己肯定感を高めます。ただし、それは一定の成果があげられてこそです。子どもにとって無理なタスクや課題だと、子どもは投げやりになったり、それをさせる支援者との関係が悪くなったりします。

苦手なこと、むずかしいことを無理にがんばらせる必要はありません。子どもが自分のできる部分をがんばり、子どもの力が及ばない部分を支援者が手伝うことで、子どもは支援者に安心感や信頼感を覚えます。

これは、子どもの情動の安定につながり、支援者にとってもハッピーです。

適切なタスクを与え、できない部分は助ける

　子どもの年齢や成熟度、特性に応じて適切なタスクを与え、子どもが「できた」と感じられることを大切にします。

　子どもにとって最適なアプローチは一人ひとり違いますが、特性のある子どもや発達に課題がある子どもについては、がんばらせるより手伝うほうがよい場面が多いと覚えておきましょう。

　支援者に手伝ってもらえるという安心感がベースにあると、子どもは自分なりにがんばることができます。

　対応に迷ったら、手伝うほう、子どもにとって楽なほうを選ぶこと。保育や子育てに真面目に取り組んでいる人、子どもにきちんと育ってほしいと願う気持ちの強い人はなおさらです。支援者が手伝うことで子どものスキルが低下することはないので、心配なく！

実践エピソード

 ## 朝の支度をせずに遊び出すＩくん

　登園時、自分でできるのに朝の支度をしようとしないＩくん。注意したり、声をかけたりしても、一向にやろうとしない。

保育者が手伝うことで、
一人でする日も出てきた

　思い切って、支度を全面的に手伝うことにした。するとＩくんは機嫌よく応じた。保育者と一緒にできることで、自分から行動する様子も出てきた。そしてある日、「今日は一人でやるから見てて」と言い、保育者に見守られつつ一人で支度を行った。それからは、保育者が手伝う日もあれば、本人が「自分で」と言い、一人でやる日も出てきた。

手伝ってもらう心地よさを体験しましょう。2人1組になり、折り紙を折る人と見守る人に分かれて、2つの設定で行います。役割を交替して、両方の立場を経験しましょう。

① 一人が片手で折り紙の鶴を折る(2分間)。もう一人はそばで見守りながら「もっと早く」「折り目が汚い」「しっかり折って」などと注意する。

② ①と同じように鶴を折るが、そばで見守る人は「ゆっくりで大丈夫だよ」「うまく折れているよ」などとほめたり、むずかしいところを手伝ったりする。

🔵回🔵答🔵シ🔵ー🔵ト

設定①と②での感じ方の違い

_____

_____

_____

_____

_____

_____

書いたら、チームで発表し合い、ディスカッションをしましょう。

マインドチェンジの確認チェック

・・・

☑ がんばらせることと手伝うことのバランスについて考えた

☑ 子どもに与えるタスクや課題を検討しようと思った

　まずは、人に手伝ってもらう(支援される)心地よさを感じてみましょう。安心感を得て初めて、自分でがんばりたいという気持ちが芽生えてくることがわかるでしょう。

子どもの中から、「今日は自分でやってみようかな」「自分ががんばっている姿を先生にほめてもらいたいな」という気持ちが出てくるのを待ちましょう。

あなたはいい子。 でも、その行動だけ 直してね

子どもの人格と行動を切り離しましょう。そして、子どもが困った行動をしたときには、「あなたはいい子。でも、その行動だけ直してね」というマインドで接しましょう。

マインドチェンジの理由

・・・・・・・・・・・・・・・・・・・・・・・・・・・

「いい子」として扱われることで
子どもは「いい子」になる

「そんなことをする子は赤ちゃんです」「もういいです！」「○○しないと○○させないよ」等々。子どもが困った行動をしたときに、小さい子どもと比較して否定したり、見捨てるようなことを言ったり、脅したりするのは、子どもの心やアイデンティティを傷つける不適切な関わり（マルトリートメント）です。

子どもは「いい子」として扱われることで「いい子」になります。困った行動（その子にとっては困っている行動）は軽減されるべきですが、その過程で子どもに「自分は悪い子なんだ」と思わせないことが大切です。

「あなたはいい子。でも、その行動だけは直してほしい。違う行動にしてみよう」と提案することで、子どもは自分のアイデンティティを傷つけずに、よりよい行動に切り替えることができます。

よい行動に注目し、子どもの行動を変えていく

　子どもはいつも困った行動をしているわけではなく、よい行動をしていることもあるはずです。

　困った行動ではなく、よい行動に注目してみましょう。よい行動をしていたら、すかさず指摘してほめることで、子どもは「自分はいい子」という感覚を積み重ねていくことができます。そして、よい行動のほうを選択することが増え、行動が変わっていきます。

マルトリートメントとは

　「マルトリートメント」は、身体的、性的、心理的虐待およびネグレクトなど、不適切な関わりを指します。子どもの心やアイデンティティを傷つけるのは「マルトリートメント」であり、絶対にしてはならない行為です。保育者も保護者も、保育、育児の中で「マルトリートメント」をするリスクをはらんでいることを自覚し、常に自分の言動を検証しながら子どもに関わることが必要です。

実践エピソード

＊「ちくちく言葉」ばかり言うＪちゃん

友だちに「ちくちく言葉（相手が悲しくなったり、いやな気持ちになったりする言葉）」ばかり言うＪちゃん。注意してやめさせようとしたけれど、「ちくちく言葉」は増えるばかり。

＊よい行動に注目し、ほめることで子どもの行動が変わった

Ｊちゃんが「ちくちく言葉」を言っているときには注目せず、「ふわふわ言葉（相手がうれしくなったり、あたたかい気持ちになったりする言葉）」を言っているときにほめるようにした。「今の言葉やさしくていいね。Ｊちゃんはやさしい子だからね」「わあ、すてきな言葉。Ｊちゃんはすてきな子だからね」など。すると、Ｊちゃんの笑顔と共に「ふわふわ言葉」が増え、「ちくちく言葉」は減っていった。

子どもの行動を検証し、「困った行動」と、「よい行動」を見つけましょう。

回 答 シ ー ト

子どもの困った行動

_____

_____

_____

_____

↕

子どものよい行動

_____

_____

_____

_____

子どもがよい行動をしているときにかける言葉を考えましょう。

_____

_____

_____

_____

マインドチェンジの確認チェック

・・・・・・・・・・・・・・・・・・・・・・・・・・・・

☑ 子どもの行動と人格を切り離して考える必要性が理解
　　できた

☑ 子どものよいところを見つける視点をもてた

☑ 「あなたはいい子」という視点で承認の言葉を見つける
　　ことができた

　子どもの困った行動とは逆の「よい行動」も、必ず子ど
もはしています。見つけて承認していきましょう。

　またその際、「あなたはいい子」という、人格を認める
メッセージを添えましょう。

支援者は、子どもの心やアイ
デンティティを傷つける言葉
に、自覚的であるべきです。

まわりと比べず
「絶対評価」

ほかと比べるのではなく、その子自身の成長・発達を認める「絶対評価」で、まるっと子どもを承認しましょう。

マインドチェンジの理由

・・・・・・・・・・・・・・・・・・・・・・・・・・・・・

自分の成長・発達をポジティブに受け止め、自信をもてるようになる

　子どもは一人ひとり成長・発達のペースが違うとわかっていても、ついまわりと比べてしまいます(相対評価)。そして、みんなと同じようにできないこと、足りないことに目を向けがちです。しかし、子どもは少しずつでも前に進んでいます。

　過去の子どもの姿を思い出してみましょう。すると、子どもの成長とがんばりが見えて、その子どもが愛しくなるはずです。

　その子自身の成長・発達に目を向けて評価すると、子どもはそれをポジティブに受け止めます。子どもが自分自身を受け入れ、自信をもてるようになると共に、次もがんばろうという動機づけにもつながります。

> ### 「相対評価」と「絶対評価」
> 　「相対評価」は、まわりの子どもと比較してのその子の評価。「絶対評価」は、まわりとの比較ではなく、その子どもを独立した尺度に基づいて評価する方法。

成長・発達を
点でなく線で見る

　子どもの成長・発達を、点でなく線で見ます。まわりと比較してどうかではなく、過去に比べてどこが伸びているかを確認しましょう。子どもを肯定的に受け止めやすくなり、子どもとのあたたかい関係が築かれます。

　保護者がまわりと比較して悩んでいるようだったら、保育の専門家として、「絶対評価」で子どもの姿を伝えましょう。保護者は「わが子を丁寧にしっかりと見てくれている」と保育者を信頼するようになり、関係性の構築にもつながります。

実践エピソード

子どもを否定的に見ている保護者

　「まわりの子は座って最後まで話を聞けるのに、うちの子はできない」と子どもを否定的にとらえ、悩んでいる様子の保護者がいた。

その子なりの成長を伝えて、
保護者に気づかせた

　「たしかに最後まで座っていることはむずかしいですね。でも、半年前を思い出してみませんか？」と保護者に伝えてみた。すると保護者は、「そういえば、半年前は活動にまったく興味を示さなかったのに、今は途中までだとしても参加できていますね。最後までは無理でも、はじめのほうだけは座って先生のお話を聞いていますね！　この子なりのペースで成長しているんですね」と気づき、笑顔になった。

子どもの「成長」を感じましょう。

半年前の子どもと、今の子どもを比べて、成長したことはなんですか。いつ、どこで、何をしているときに成長を感じますか？

回 答 シ ー ト

半年前と今の子どもを比べて成長したこと

半年前 _____

今 _____

_____

子どもの成長に対してかけたい言葉

_____

_____

_____

半年前の自分と、今の自分を比べて成長したこと

半年前 _____

今 _____

_____

自分自身にかけたい言葉

_____

_____

_____

マインドチェンジの確認チェック

・・・・・・・・・・・・・・・・・・・・・・・・・・・・

☑ まわりと比較しない「絶対評価」ができた

☑ 子どもや自分の半年前の姿と今を比べて、成長したことを見つけることができた

☑ 子どもや自分の成長にかけるポジティブな言葉を思いついた

　まわりと比べてはいけないとわかっていてもむずかしいときは、過去の姿を思い出す習慣をつけましょう。少しずつでも前に進んでいることが実感できるはずです。

まわりと比べている自分に気づいたら、「まわりと比べず、絶対評価」と心で唱えましょう。「絶対評価」の習慣がしだいに身についていきます。

ぎりぎりセーフを
ほめる

子どもの行動をよく見ていると、好ましくない行動の中にもプラスの部分が見つかります。たとえぎりぎりセーフのプラスであっても、見つけて子どもを認めましょう。好ましくない行動を格上げします。

マインドチェンジの理由

・・・・・・・・・・・・・・・・・・・・・・・・・・

がんばりを認めてもらえることで
支援者との信頼関係が築ける

　例えば、「文句を言いながらも、片づけた」「ごみ箱を蹴ったけれど、そうじを手伝った」「ものを投げ渡してきたけれど、友だちにおもちゃを貸した」などの行動。

　子ども視点になってみれば、「本当は片づけたくないのに、片づけた」「そうじなんかしたくなかったのに、がんばって手伝った」「貸したくないのに、おもちゃを貸した」わけです。子どもなりにがんばったのです。そこを認めてもらえると、自分の気持ちを支援者がわかってくれているという感覚になります。

　そうなると、支援者を信頼するようになります。信頼関係ができれば、協力的な行動も増えてきます。

子どもの葛藤に寛容になる

　今までは「好ましくない」「やめてほしい」「減らしてほしい」と否定的にとらえていた行動も、よく見ると、最後は好ましい行動で終わっていることがよくあります。子どもにしてみれば、支援者の言うことを聞いたり、素直に協力したりするのがむずかしい中で、なんとか最後に行動を調整して、ぎりぎりがんばった結果なのです。そこを認めると、子どもを叱らずにすみます。

　自分の思いとは違う行動を指示されたとき、イライラしたり、文句を言ったり、ものに当たったりしてしまうのは大人でもよくあることです。

　「ぎりぎりでよくがんばったね」と、子どもの葛藤に寛容になってください。

実践エピソード

不機嫌な態度で おもちゃを片づけた K ちゃん

「給食だからお片づけしてね」と伝えても知らんふりの K ちゃん。なんとか切り替えさせようと、「先生も一緒に片づけるよ」と伝えてみた。すると、「わかったよ、片づければいいんでしょ！」と、不機嫌な態度でおもちゃをかごに投げ入れた。

ぎりぎりのところでのがんばりを認めたら、 子どもが素直になった

K ちゃんの態度を受け、いったん深呼吸してから、「本当は遊びたかったのに、気持ちを切り替えて片づけてくれてありがとう」と伝え、一緒に片づけた。すると、気持ちが落ち着いたようで「さっきは投げてごめんなさい」と言ってくれた。

子ども自身、おもちゃを投げたらいけないことはわかっているのだ。わかっていてもどうしてもイライラしてやってしまった。そのことを反省しているのだと理解した。子どものぎりぎりのところでのがんばりを認めることができてよかった。

子どもそれぞれの「ぎりぎりセーフ」を見つけて
みましょう。

回 答 シ ー ト

子どもの好ましくない行動

_____

_____

_____

_____

好ましくない行動の中のぎりぎりでがんばっている行動

_____

_____

_____

_____

そのときに承認する言葉

_____

_____

_____

自分自身のぎりぎりセーフの行動

_____

_____

_____

マインドチェンジの確認チェック

・・・・・・・・・・・・・・・・・・・・・・・・・・・・・・・・

☑ 好ましくない行動をよく観察して、ぎりぎりセーフを見つけられた

☑ 好ましくない行動を、がんばっている行動に格上げできた

☑ 自分のぎりぎりセーフも見つけ、自己承認できた

　子どもも大人も完璧な人間はいません。それぞれが葛藤を抱えながらも自分の行動をぎりぎりで調整しています。

　そこを見つけられると子どもの見方が変わります。

「ぎりぎりセーフだ!」と思えることが増えたら、子どもも支援者もハッピーになれます。

誰も
悪者にしない

支援はチームでするもの。誰も悪者にしない
覚悟が必要です。誰かを責めるのではなく、
みんなで知恵を出し合うあたたかいつながり
をつくることが大切なのです。

マインドチェンジの理由

. . . .

「子どものために」という思いは
みんな同じはず

　支援がうまくいかないと、つい誰かのせいにしたくなります。

　子どもが好ましくない行動をしたときはまだ許せても、同僚や保護者など、大人の行動についてはきびしい目を向けてしまうことがあります。子どもの支援について学んだ保育者は、自分以外の大人の子どもへの対応が気になってしまうのです。

　しかし、子どもは未熟なだけ、大人は知らないだけ、そしてアイデアが足りないだけです。

　「そんな対応をしたら子どものためにならない」「全然わかっていないんだから」と、その人を悪者にしても問題は解決しません。

　「子どものために」という思いはみんな同じはずです。誰も悪者にしないことが、結局は子どものためなのです。

チルドレンファーストで対話する

　知識のない支援者の存在は、たしかに厄介です。しかし、それは、その人が子どもの行動の意味や適切な対応を「まだ知らないだけ」。そこで、知識のある支援者は、子どもの行動の通訳として、「こんな見方もある」「こんな方法もある」と伝えてみましょう。子どもを真ん中に置いたチルドレンファーストで対話をするのです。

　大切なのは、やり方を否定せず、「子どもに合っている方法は？」と対話を進めていくこと。子どものために協力し合う仲間として話し合える関係性を築きましょう。

どんな方法も「まちがい」と決めつけない

　支援としてまちがっていると思われる方法も、子どもの状態や条件によっては○になることがあります。例えば、子どもを無視するのは、一般的にはよくないことです。しかし、子どもの「注目行動」に対しては、無視する方法が適切な場合もあります。どんな方法も「まちがい」と決めつけず、「子どもにとってはどうか」をチームで話し合いましょう。子ども理解が進み、チーム力が強化されます。

保育者によって
支援の方法が異なっていた

　かんしゃくを起こす子どもや、こだわりの強い子どもについて、保育者によって支援の方法が異なり、統一がとれていなかった。このままでいいのか悩んでいた。

 ## 支援の意図を伝え合って共有し、
支援の選択の幅を広げた

　保育者それぞれが、なぜ自分がその支援をしたのか、背景にある支援の意図を伝え合うことにした。すると、どの方法にも理由があること、子どものために考えて取り組んでいることがわかった。

　そこで、かんしゃく、こだわり、落ち着かないなどの行動について、保育者それぞれの支援の方法をリスト化してみた。そのリストの中から支援を選択するようにすると、支援方法の幅が広がった。

かんしゃく、こだわり、落ち着かないなどの行動への支援の方法を、それぞれ書き出しましょう。みんなで出し合い、リストにしましょう。

回 答 シ ー ト

かんしゃくを起こした子への支援方法と意図

_____

_____

_____

_____

こだわりのある子への支援方法と意図

_____

_____

_____

_____

落ち着かないときの支援方法と意図

_____

_____

_____

_____

ほかにも、気になる行動をあげ、支援方法と意図を書き出し、シェアしましょう。

マインドチェンジの確認チェック

・・・・・・・・・・・・・・・・・・・・・・・・・・・・・

☑ 自分の支援を振り返り、なぜそうしたか言語化できた

☑ 支援方法のリストにしたことで、支援の幅が広がった

☑ リストにした支援方法を、子どもに当てはめて実践しようと思う

　支援者は支援の方法の引き出しをたくさんもち、目の前の子どもにどれが合うのかを選択し、カスタマイズすることが大切です。いろいろな人の考えや支援の方法に触れながら、チームで支援の輪を広げていきましょう。

支援の方法の引き出しが増えたら、子どもへの対応にも余裕が出てきます。いろいろ試してみることで、自分の支援スキルも向上していきます。

Do ではなく Be

何をするか、できるか（Do）ではなく、あな
たらしさ（Be）が尊いのです。あなたといる
と私は幸せだと、言葉にして伝えてみましょ
う。その子の存在そのものを承認するのです。

マインドチェンジの理由

・・・・・・・・・・・・・・・・・・・・・・・

結果が出せない子どもも
自己肯定感が上がる

　支援者は、子どもの年齢が高くなればなるほど、子ども
を行動（Do）の結果で承認しがちです。何かができたか
らすごい、結果を出したからえらいなど。

　しかし、そうすると、なかなか結果を出せない子どもは、
必然的に承認の回数が減ってしまいます。承認されなかっ
た子どもは、「自分はダメなんだ」と自信を失い、自己肯
定感が下がっていきます。

　乳幼児期には、自尊心の根っこを丁寧に育むことが大切
です。そのために、その子らしさ（Be）で承認することが
大切です。

　これは、子どもだけでなく、支援者にも言えること。自
己承認できる人が他者承認
もできるのです。

「あなたがいるだけで幸せ」と伝える

　承認には、「結果承認」「プロセス承認」「行動承認」「意識承認」「存在承認」の５段階があります。最も大切なのが、「存在承認」です。

　保育者は子どもに、「大好きだよ」「園に来てくれてうれしい」などと伝えていきましょう。あなたがいるだけで幸せだという存在そのものの承認です。これが、ほかの承認の土台になります。

承認の５段階（絵を描く場面を例に）

結果承認：結果だけを見て認める。
　　　　　　例「最後まできれいにお花が描けたね」

プロセス承認：結果に向けたプロセスを認める。
　　　　　　例「お花の色を丁寧に塗っていたね」

行動承認：行動したこと、行動していることを認める。
　　　　　　例「（いやいやでも）描いてくれてありがとう」

意識承認：行動しなくても、やろうと意識したことを認める。
　　　　　　例「絵を描こうと思っていたね。わかっているよ」

存在承認：結果も、プロセスも、行動も、意識も関係なく、
　　　　　　存在そのものを認める。
　　　　　　例「今日も来てくれてうれしい」「にこにこ描い
　　　　　　　ていると、うれしい」

実践エピソード

きれいに食べられない L ちゃん

食事中、姿勢が崩れたり、こぼしたりが多かった L ちゃん。きれいに食べてほしくて、つい注意してばかりいた。

「存在承認」を心がけたら、子どもが自ら行動を変えた

「L ちゃん、おいしいね、一緒に食べるともっとおいしいね」「食べているお顔を見ると先生もうれしくなるよ」など、L ちゃんの存在そのものを認める言葉をかけた。すると「先生見て」と言い、自分から姿勢を正したり、「スプーンちゃんと持てるよ」とじょうずに食べて見せたりするようになった。そして、いつのまにか以前より食べ方がきれいになっていった。

存在承認（Be）により、行動（Do）も変化したことを感じた。

WORK

「存在承認」の言葉かけを考えて、書き出しましょう。"アイメッセージ"で伝えることがポイントです。

回 答 シ ー ト

子どもへ
例「今日も来てくれてありがとう」

_____

_____

_____

同僚へ
例「私は〇〇さんと一緒に仕事ができてうれしい」

_____

_____

_____

自分へ
例「このクラスに私がいることで子どもが安心して過ごせている」

_____

_____

_____

_____

書いたら、チームで発表し合い、ディスカッションをしましょう。

マインドチェンジの確認チェック

・・・・・・・・・・・・・・・・・・・・・・・・・・・

☑ 承認の5段階が理解できた

☑ 場面ごとに、存在承認のメッセージを考えることができた

☑ 考えた存在承認を、子どもに伝えてみようと思う

　言葉にはコストがかかりません。日ごろから意識して子どもに伝えていきましょう。「存在承認」のメッセージを伝えたときの子どもの反応を楽しみに、取り組んでください。

　　　　1日の終わりに、自分自身も
　　　　承認する習慣をつけましょう。

エンパワメントを
育む

支援者は、子どもが困難にぶつかったとき、
代わりに解決するのではなく、解決するため
に子どもが使えるスキルや道具を増やすこと
が大切です。

マインドチェンジの理由

....

成功体験が子どもの自信につながり、気持ちを安定させる

　「工夫しだいでなんとかなる」という体験を積み重ねていくことが子どもの自信となり、気持ちを安定させていくことにもつながります。

　そのために支援者は、困難を解決するためのスキルや道具を使って子どもが自分で不安を軽減したり、課題を解決したりできるように導いていきましょう。

　例えば、「絵カードを見たら思い出せる」「時間があれば切り替えられる」など、「○○したら○○できる」を見つけます。そして、試してみて「うまくいった」「安心した」を増やします。苦手があっても「工夫しだいでなんとかなる！」を支えていきます。

子どものメンタルコーチを
目指す

　子どもが不安を感じたり、課題にぶつかったりしているときは、なんらかのツールや道具を提供します。例えば、イライラを元に戻す感覚おもちゃや、忘れたときに思い出せる視覚的手がかり、見通しがもてない不安へのスケジュール表など。

　こうしたツールや道具を準備することで、不安やイライラとつきあっていけるのです。そのためのツールを一緒に見つける、教える、増やしてあげる、それがメンタルコーチです。

役立つツール「感覚おもちゃ」

　入れる、出す、引っ張る、押すなどの操作をすると、光ったり音が鳴ったりなどのリアクションがあり、それが心地よい刺激となるおもちゃ。また、触れると心地よい感触が得られるおもちゃ。

　感覚的に適切な刺激があり、心地よさを感じられると、気持ちが落ち着き、情動が安定します。

実践エピソード

✴ **負けると怒り出すMくん**

負けるとすぐに怒り出し、怒鳴ったり、泣いたりするM くん。何度「負けても怒らない」と約束しても、守れません。

✴ **「安心BOX」を作ったら、
気持ちを切り替えられた**

Mくんの気持ちが落ち着く、お気に入りのおもちゃや道具を入れた「安心BOX」を、Mくんと一緒に作りました。Mくんが怒り出したときには、まず「怒ってもいいよ。負けたら悔しいからね」と、怒ることを承認。そして、「安心BOX」を提示し、「早く気持ちを元に戻そう。ずっと怒っていると、楽しい時間が短くなってもったいないから」と伝えるようにしました。

「安心BOX」の中のおもちゃで遊んで気分を切り替えられると、「気持ちを元に戻せたよ」とうれしそうに伝えてくれるように。「安心BOX」は、不安や課題に立ち向かえる、最強のツールになりました。

配慮を必要とする子ども一人を思い浮かべて、その子どもの「安心BOX」を考えてみましょう。記入をベースに子どもと相談して完成させます。

回答シート

子どもが安心できるおもちゃやツールのリスト

（　　　　　　　　　　）（　　　　　　　　　　　　）

（　　　　　　　　　　）（　　　　　　　　　　　　）

（　　　　　　　　　　）（　　　　　　　　　　　　）

子どもと相談して、追加や修正をしたおもちゃやツールのリスト

（　　　　　　　　　　）（　　　　　　　　　　　　）

（　　　　　　　　　　）（　　　　　　　　　　　　）

（　　　　　　　　　　）（　　　　　　　　　　　　）

支援者自身の安心できるツールのリスト
（自分の「安心BOX」も作ろう）

（　　　　　　　　　　）（　　　　　　　　　　　　）

（　　　　　　　　　　）（　　　　　　　　　　　　）

（　　　　　　　　　　）（　　　　　　　　　　　　）

マインドチェンジの確認チェック

・・・・・・・・・・・・・・・・・・・・・・・・・・・・・

☑ 怒ってもいいから気持ちを戻すことが大切だと知った

☑ 子どもの困った行動には、ツールや道具が必要だと理解
　 できた

☑ メンタルコーチになってみようと思えた

　どんなに能力が高い人でも、不安やネガティブな感情と
じょうずにつきあっています。自分の感情とつきあうため
の、ツールや道具の活用がじょうずなのです。子どもにフ
ィットするおもちゃやツールを見つけましょう。

　「怒ってもいい」がポイントで
す。ネガティブな感情とのじょ
うずなつきあい方を伝授しま
しょう。

やる気より
その気

子どものやる気がないように見えるのは、今
の状況が子どもに合っていないからです。子
どもが「その気」になるようにしましょう。

マインドチェンジの理由

・・・・・・・・・・・・・・・・・・・・

「その気」になれば
「やる気」が湧いてくる

　「この子はやる気がない」と決めつけていませんか。やる気は叱咤激励したからといって引き出されるものではなく、しぜんに湧いてくるものです。

　子どもは、やってみたいことやあこがれていること、魅力的なことがあると、いきなり「その気」になります。自分が主役の世界なら、すぐに夢中になります。「○○マン」や「○○姫」になりたいと心から思えば、やる気満々で取り組むでしょう。

　子どもがどうなりたいかを一緒に考え、ワクワクできる未来を一緒に描くことで、子どもが「その気」になり、しぜんに「やる気」が湧いてきます。

好きな人やもの、あこがれのキャラクターを使って行動を示す

　子どもの課題を解決するには、子どもを「その気」にさせるのがいちばん。そのために、子どもの好きな人やもの、あこがれのキャラクターを使って、課題のある場面をかっこよく切り抜けるシナリオをつくりましょう。

　支援者の「こうしなさい」という指示に従うことはむずかしくても、「あこがれの○○マンみたいにやってみよう」と言われれば、その気になるかもしれません。

　具体的には、子どもが興味・関心を示す人やもの、キャラクターをアイコンにして、具体的な場面で「こうしてほしい」という行動と結果を示した成功事例を描きます。それをカードにして、いつでも見て思い出せるようにします。名づけて「パワーカード」。行動は、スモールステップで示すといいですね。

友だちにぶつかるNくん

移動の際、廊下を走る、曲がり角を止まらないなどで、人とぶつかることの多いNくん。何度言い聞かせても、気をつけて移動することができない。

○○線の電車カードで行動が変わった

Nくんの好きな電車を使った絵カードを作り、ゆっくり歩くイメージを伝えようと考えた。カードには、「○○電車は停止線にピタリと止まります」「○○電車は安全に進みます」「○○電車はカーブをゆっくり曲がります」などを表す絵と文字をかき、それをNくんに読んで伝えた。

すると、「ぼくも○○電車になる」と言い、安全に歩き、角では止まり、曲がるときもゆっくり行動するように。「すごい。○○電車みたい」とほめると、うれしそうだった。

子どもの興味・関心を探り、好きな人やもの、あこがれのキャラクターを用いて、子どもが「その気」になるシナリオや言葉を考えてみましょう。

回 答 シー ト

子どもの好きな人やもの、あこがれのキャラクター

_____

_____

_____

課題のある場面

_____

_____

_____

こうしてほしいという具体的な行動、ふるまい

_____

_____

_____

課題を切り抜けるシナリオ（言葉、おまじないなど）

_____

_____

_____

_____

マインドチェンジの確認チェック

・・・・・・・・・・・・・・・・・・・・・・・・・・・

☑「その気」になれるシナリオと言葉の大切さに気づいた

☑「パワーカード」を活用してみたいと思った

☑ 子どもがワクワクしながら行動する姿が楽しみだ

　好きな人やもの、あこがれのキャラクターが子どものロールモデルとなり、「その気」になることで、「やる気」が引き出されてくるでしょう。

「やればできそう」「○○のようにやってみたい」と思わせる、穏やかで無理のないアプローチを工夫しましょう。

伝えるときは
希望を添えて

発達に課題のある子どもの支援には、保護者を支援するマインドも必要です。「こうしたらできるようになる」と伝え、保護者が希望をもてるようにしましょう。

マインドチェンジの理由

• •

子どもへの適切な関わりに気づき、
保護者自らが工夫するようになる

　保護者支援では、保護者の不安を増大させないことが何より大切です。

　保護者が不安なのは、子どもの行動の意味や関わり方がわからないからです。できないこと、苦手なことをただそのまま伝えられても、保護者はどうしたらよいかわかりません。わからないまま、不安ばかりが大きくなってしまいます。それは、子どもにとってもよいことではありません。

　子どもの様子を伝えるときは、保護者が希望をもてるような伝え方を工夫します。できないこと、苦手なことがあっても、「こうしたらできるようになる」と伝えましょう。

　保護者は、子どものためにどうすればよいかを学ぶことで、希望をもって子どもに関わることができるようになります。

子どもの様子は「サンドイッチ方式」で伝える

　子どもの様子は、「できること」で「できないこと」を挟む、「サンドイッチ方式」で伝えましょう。まず「できること」を伝えてから「できないこと」を伝え、その後で「○○したら、できるようになる」と支援の方法を加えます。保護者にとっては子どもの行動の意味がわかり、関わりのヒントになります。

　この「サンドイッチ方式」で伝えるには、支援の方法を見つけておくことが不可欠です。保育の中での工夫、支援の成功事例を蓄積しておきましょう。

保護者への伝え方（例）

　初めての活動で見通しがもてず、失敗するのではと不安で参加ができない子どもについて「サンドイッチ方式」で伝えてみます。

できること	好きなことは、自分から進んで参加できますが、
できないこと	初めての活動は、不安から参加できないことがあります。
○○したら○○できる	保育者と事前に活動を体験しておくと、参加ができます。

実践エピソード

集まりなどで、
保育者の話に集中できないＯくん

　朝の会は、姿勢を崩して保育者の話に集中できないＯくん。自分の好きな製作の時間は、作り方などの説明などはしっかり聞ける。

集中して話が聞けているときに
しっかりほめた

　Ｏくんが集中して話を聞いている製作の場面で、姿勢がよいこと、話を聞けること、落ちついて取り組めることを、くり返しほめるようにした。

　姿勢や、話を聞く態度についての意識が強くなり、朝の会などでも、集中して聞こうとする様子が見られるようになった。

　みんなの前で、Ｏくんががんばれていることをほめると、本人もうれしそうな表情を見せるようになった。

　保護者には、Ｏくんが集中して話を聞けるようになった変化だけでなく、できていることをほめることで、苦手なこともがんばれるようになると伝えた。すると、保護者から、家でも、Ｏくんができていることをほめるようにしてみる、という返事をもらった。

配慮を必要とする子どもについて、できること、できないことを書き出しましょう。それをもとに、「サンドイッチ形式」での伝え方を作成しましょう。

回 答 シ ー ト

できること

_____

_____

苦手なこと、できないこと

_____

_____

工夫や支援でできるようになったこと
・どのような工夫、支援をしたか

_____

_____

・どのような変化があったか

_____

_____

「サンドイッチ形式」での伝え方

_____

_____

_____

マインドチェンジの確認チェック

・・・・・・・・・・・・・・・・・・・・・・・・・・・・・・

☑ 子どものエピソードは、サンドイッチ方式で作成して
　みることを理解した

☑ サンドイッチ方式で保護者に伝えてみたいと思った

☑ ○○したら○○できるエピソードを蓄積していきたい

　「○○ができるようになりました、でもまだ○○がむず
かしいですね」と、ここでストップするのがよくない伝え
方です。保護者には、対応のヒントになること、成功体験
につながる支援方法を必ずつけ加えましょう。これが、希
望を添えることになります。

「○○したら○○できる」のエ
ピソードは、しっかりと書き
留めておきましょう。

ないものはねだらず、あるもので勝負する

人が少ない、環境がよくない、発達支援に対する周囲の理解が足りないなど、「できない」理由はあるでしょう。しかし、嘆いていても仕方がありません。あるもので勝負です！

マインドチェンジの理由

・・・・・・・・・・・・・・・・・・・・・・・・・・

視点や思考を切り替えれば、
支援の幅が広がる

　支援を必要とする子どもの保育はむずかしいもの。今の環境のままでは、無理だと感じることがあるかもしれません。

　そのようなときは、ほんの少し視点や思考を切り替えてみましょう。柔軟に考えることで、アイデアは生まれます。

　例えば、園児数が多いため、遊具の待ち時間が長くなり、トラブルが起こりがちな場合。園児数や遊具の数は変えられません。そうであれば、「待つ時間を楽しみにする工夫はないかな？」と考えてみるのです。テーマパークを想像してみましょう。待ち時間は長いけれど、その間も楽しめるような工夫がされています。

　こうした発想を取り入れられたら、今あるもので、支援の幅は広がります。

みんなで
アイデアを出し合う

　今の環境では支援がむずかしいと感じたとき、一人で考えていてもアイデアはなかなか浮かびません。そのようなときは、「ブレインストーミング」の手法を活用し、みんなでアイデアを出し合ってみましょう。自由な発想で意見を出し合い、新しいアイデアを生み出す手法です。

ブレインストーミングの手順とポイント

＜手順＞

● **テーマを共有する**
「〇〇さんが運動会に参加できるにはどうしたらいいか」など、話し合いの目的をはっきりさせる。

● **司会と書記を決める**
司会がタイムキーパーをつとめ、書記がアイデアを書き留める。

● **時間制限を設ける**
（最大30分）

＜ポイント＞

● **アイデアに批判や否定をしない**
批判や否定があると、意見を出しにくい雰囲気になり、発言が減る。どんなアイデアも「いいね」と承認しながら進める。

● **アイデアの質より量を大事にする**
アイデアがたくさん出ると、おのずと質もあがる。アイデアを組み合わせたり改善にもつながる。

実践エピソード

 ## 子ども同士のトラブルが頻発

　子どもたちが手洗いのために洗面台に並んでいるとき、子ども同士のトラブルが起こりがちだった。

 ## 待つ時間を楽しめるアイデアを
出し合い実行。トラブルが減った

　並んで待つ時間を楽しめるようなアイデアを、保育者同士で出し合うことに。「足元に動物の足形を置いてみては」というアイデアが出たので、さっそくやってみた。ウサギの足型のところではピョンピョンとジャンプ、ペンギンの足型のところではピョコピョコと足踏みをして待つようにしたところ、子どもたちはそれに夢中になって待つことができ、トラブルが減った。

　ブレインストーミングの手法を使って、アイデアを出し合ってみましょう。

テーマ： 子ども同士のトラブルが起こりがちな片づけの場面で、どうしたら楽しく片づけができるか

時　間： 10分間

① 司会と書記を決める

② 話し合う

③ アイデアの中で、自分のクラスでやってみたいアイデアを一人ずつ発表する。

④ 「ブレインストーミング」を行った感想を一人ずつ話す。

回　答　シ　ー　ト

話し合いでの気づきや、③④についてメモをしましょう。

_____

_____

_____

_____

_____

_____

_____

マインドチェンジの確認チェック

・・・・・・・・・・・・・・・・・・・・・・・・・・・・・・・

☑ 課題のある保育について、視点や思考を切り替えて考えてみようと思った

☑ アイデア出しのブレインストーミングを、実施したいと思った

☑ すべての意見を承認する安心感を大切にしたいと思う

　短時間でもみんなでアイデアを出せる「ブレインストーミング」。こんなこと言ったらダメ？　などと躊躇する必要はありません。どのアイデアもすべて肯定されるディスカッションですから、安心して斬新なアイデアを出しましょう。

悩んでいるより、身近な人に声をかけて、「ブレインストーミング」をしてみましょう。

支援を通した学びは、すべての人の理解につながる

配慮を必要とする子どもの支援は、子どもの多様性を見極め、発達について深く理解していく作業です。自分自身の多様性も、子どもを取り巻く大人たちの多様性もすべて尊重して、支え合うことが実感できます。

マインドチェンジの理由

・ ・

「この子にはこの子の
発達のペースがある」と
思えるようになる

　人はそれぞれの見方・考え方・価値観をもっています。発達支援を学んでいると、そのすべてが OK という感覚になり、自分の基準と違っても、否定することなく受け止められるようになります。

　短所は長所でもある、そう見方を変えると、相手の見え方も変化します。そして、自分を含め、どの人も大切な存在、そう思えてきます。

　子どもの行動が理想どおりにいかなくても、「この子にはこの子の発達のペースや方向がある」と思えます。すると、気持ちがぐんと楽になります。

言葉を言い換えて、長所の視点でとらえる

　まずは、「あなたも OK、わたしも OK」と唱えましょう。そして、「リフレーミング」で、言葉の言い換えをしてみます。リフレーミングとは、「物事をとらえる前提を変えて、違う視点から見る」ことで、短所を長所の視点でとらえます。子どもにも、短所は長所でもあることを伝えるとよいでしょう。

リフレーミングの言い換え例

飽きっぽい→好奇心旺盛　　　大雑把→おおらか

優柔不断→思慮深い　　　　　単純→素直

心配性→慎重　　　　　　　　のんき→ポジティブ

頑固→芯が強い　　　　　　　視野が狭い→集中力がある

諦めが悪い→忍耐力がある

せっかち→テキパキ行動できる

まわりに流されやすい→他人を尊重できる

計画性がない→柔軟に行動できる

マイペース→落ち着いて対処できる

落ち着きがない→行動力がある

一人で抱え込む→責任感が強い

実践エピソード

遊びをやめられず、 なかなか次の行動に移れないPくん

　ブロック遊びが大好きで、夢中になって取り組むPくん。給食の時間になり、片づけを促しても聞く耳をもたない。

「好きなことに夢中になって取り組む」 という長所としてとらえると

　Pくんの行動を「切り替えができない」という短所としてではなく、「好きなことに夢中になって取り組む」という長所としてとらえてみた。すると、この長所をなくす必要はないと思えて、子どもの行動を否定する気持ちが消えた。そして、子どもが自分で行動を調整できるようになることが大切だと考えられるようになった。

　そこでPくんに、「どうしたら切り替えることができるかな？　うまく行動を切り替えられたときのことを思い出してみよう」と伝え、一緒にアイデアを出し合うことに。Pくんは今までの経験を思い出し、「スケジュールを書いておいてもらう」「やめるときに、次のお楽しみを提案してもらう」と自分からアイデアを出し、次の行動に移れるようになった。

子どもの短所をリフレーミングしてみましょう。
そのあとで、自分の短所もリフレーミングし、さらに自分自身の「私のここがすてき」を書き出しましょう。

回 答 シ ー ト

子どもの短所　　　　　　言い換えて長所に

_____　　　_____
_____⇒　_____
_____　　　_____
_____　　　_____

自分の短所　　　　　　　言い換えて長所に

_____　　　_____
_____⇒　_____
_____　　　_____
_____　　　_____

「私のここがすてき」

_____
_____

書いたらチームで発表し合いましょう（自慢し合いましょう）。

マインドチェンジの確認チェック

・・・・・・・・・・・・・・・・・・・・・・・・・・・・・・・・・・

☑ リフレーミングで見方の枠を変えようと思う
☑ 短所を長所に言い換えて、子どもに伝えようと思う
☑ 1日1回自分をほめて、自己承認をしたい

　リフレーミングは、自分の思考の枠が広がり、相手に合わせて切り替えることが容易になります。行き詰まったときに、リフレーミングを意識してみましょう。

支援を学ぶと、相手（子ども）が自分の思いどおりになるという勘違いがなくなります。勘違いをしないと、子どもと幸せに過ごせます。

3 コピーツール
マインドカード

- ● コピーして目につきやすい場所に貼って
- ● 切って厚紙に貼り、リングで束ねて持ち歩いて

マインドをいつでも確認できるよう、
コピーしてご活用ください。

子どもは1ミリも
変えない

今できていることを伸ばす

意味のない行動は
一つもない

「どうしよう」の前に「なんでだろう」と想像してみる

できないことは
前向きにあきらめて、
できることを支援する

うまくいっている場面に注目し、理由を分析する

子どもはみんな
特別扱い

一人遊びの充実から取り組む

承認はブーメラン、
必ず戻ってくる

子どもを信じて承認を積み重ねる

マインド 6

ピンチ
（子どもの困った行動）
はチャンス

心の中で「ピンチはチャンス」とつぶやく

 マインド 7

子どもの発達は
らせん状に進む

あせらず見守り、子どもへの手助けを多くする

 マインド 8

ポジにはポジ、
ネガにはネガが返ってくる

子どもの言動をオウム返しで肯定する

 マインド 9

傾聴は、
アクティブリスニング

支援者は自分の気持ちや考えを封印して、
子どもの思いを聞ききる

 マインド 10

がんばらせるより手伝う

適切なタスクを与え、できない部分は助ける

マインド
11

あなたはいい子。でも、
その行動だけ直してね

よい行動に注目し、子どもの行動を変えていく

マインド
12

まわりと比べず
「絶対評価」

成長・発達を点でなく線で見る

マインド
13

ぎりぎりセーフをほめる

子どもの葛藤に寛容になる

マインド
14

誰も悪者にしない

チルドレンファーストで対話する

マインド
15

Do ではなく Be

「あなたがいるだけで幸せ」と伝える

マインド 16 エンパワメントを育む

子どものメンタルコーチを目指す

マインド 17 やる気よりその気

好きな人やもの、
あこがれのキャラクターを使って行動を示す

マインド 18 伝えるときは 希望を添えて

子どもの様子は「サンドイッチ方式」で伝える

マインド 19 ないものはねだらず、 あるもので勝負する

みんなでアイデアを出し合う

マインド 20 支援を通した学びは、 すべての人の 理解につながる

言葉を言い換えて、長所の視点でとらえる

藤原里美（ふじわら・さとみ）
一般社団法人チャイルドフッド・ラボ代表理事。公立保育園勤務・東京都立小児総合医療センター保育主任技術員・明星大学非常勤講師を経て現職。保育士・臨床発達心理士・発達支援専門士。発達障害のある子どもの療育、家族支援を行うと共に、園の巡回や研修など、支援者育成にも力を注ぐ。子どもを変えずに、子どものまわりの世界を変える支援方法で、園現場で実現可能な実践を発信している。著書に、『幼稚園、保育所、認定こども園対応 配慮を必要とする子どもの「要録」文例集』（中央法規、2021年）、『保育所・認定こども園・幼稚園対応 配慮を必要とする子どもの「個別の支援計画」——5つのステップで取り組みやすい！』（中央法規、2023年）など。

編集協力	こんぺいとぷらねっと
	（茂木立みどり　鈴木麻由美）
装幀・本文デザイン	ベラビスタスタジオ（岡本弥生）
カバー・本文イラスト	かまたいくよ
印刷・製本	株式会社ルナテック

マインドチェンジでうまくいく！
配慮が必要な子どもの発達支援

2024年5月10日　発行

著　　　者	藤原里美
発 行 者	荘村明彦
発 行 所	中央法規出版株式会社
	〒110-0016
	東京都台東区台東 3-29-1　中央法規ビル
	Tel 03(6387)3196
	https://www.chuohoki.co.jp/

定価はカバーに表示してあります。
ISBN978-4-8243-0072-0

本書の内容に関するご質問については、下記URLから「お問い合わせフォーム」にご入力いただきますようお願いいたします。
https://www.chuohoki.co.jp/contact/

A072